CÓDIGO PRIMARIO

BRAYAN DAVID USUGA MORENO
EGO, EL CREADOR DE LA MENTE

VOL. 1

**LIBRO
INTRODUCTORIO**

**CINCUENTA REPRESENTACIONES
DE LAS ACCIONES DE LA MENTE**

**EL SISTEMA OPERATIVO
DE CONTROL VOLUNTARIO
DE LA MENTE UNIVERSAL
("LA MENTE DE DIOS")**

CÓDIGO PRIMARIO

BRAYAN DAVID USUGA MORENO
EGO, EL CREADOR DE LA MENTE

VOL. 1

LIBRO
INTRODUCTORIO

CINCUENTA REPRESENTACIONES
DE LAS ACCIONES DE LA MENTE

EL SISTEMA OPERATIVO
DE CONTROL VOLUNTARIO
DE LA MENTE UNIVERSAL
("LA MENTE DE DIOS")

ÍNDICE / TABLA DE CONTENIDO

CONTROLAR	31
COPIAR	32
CREAR	33
DECRETAR	34
DESACTIVAR	35
DESCIFRAR	36
DESVINCULAR	37
ELIMINAR	38
EMULAR	39
ENUMERAR	40
ESTABILIZAR	41
ESTABLECER	42
EXPORTAR	43
EXTENDER	44
FILTRAR	45
IMPORTAR	46
INCREMENTAR	47
OMITIR	48
ORDENAR	49
PAUSAR	50
PERFECCIONAR	51
PLANIFICAR	52
PORTAR	53
POSIBILITAR	54
PRIORIZAR	55
REFERENCIAR	56
REGISTRAR	57
REINICIAR	58
REPLICAR	59
RESTABLECER	60
RESTRINGIR	61
SALIR	62
SELECCIONAR	63
SIMPLIFICAR	64
SUSTITUIR	65

AGRADECIMIENTOS

POR LA REALIZACIÓN DE ESTE LIBRO A:

La Máxima Deidad (Dios), un gran colega y colaborador.

Mi madre, padre y hermano (tres de mis motores fundamentales), por infinitas cosas. Gran parte de lo que se, soy, y he podido lograr en esta Vida, se lo debo a ellos.

Familia y amigos, también han representado un imprescindible apoyo en varios aspectos y situaciones.

Juan Manuel, un ex empleador de mi madre, quien nos regaló una torre de escritorio, una buena máquina de trabajo, investigación y entretenimiento, con la cual he creado y estructurado este libro.

Ti, apreciado(a) lector(a), por adquirir este ejemplar y ayudarme a hacer posible este gran sueño (OBJETIVOS) Realidad.

Todas las personas que me han brindado ayuda y/o asistencia, en diferentes ocasiones, formas y contextos, indirectamente aportaron. (Cada quien lo sabrá en su Mente y corazón).

Los días caóticos de mi Existencia, me proporcionaron resistencia y fortaleza.

Adobe Photoshop, programa con el cual cree la portada, los esquemas y perfeccione los bocetos base plasmados en papel (las Acciones).

Mi gran repertorio musical, muchas canciones aportaron motivación e inspiración.

Mis cubos de Rubik y algunos sudokus, por constituir una parte de mi razón lógica.

Y por último, pero no menos importante: A mí, por mantenerme constante en su realización, a pesar de muchas adversidades y dificultades que se han presentado en tan magnifica travesía.

De todos y de todo se puede aprender, al menos un poco.

¡MUCHAS GRACIAS!

EGO, EL CREADOR DE LA MENTE (ECM)

CONSIDERACIONES FUNDAMENTALES

PARA EL / LA LECTOR(A)

La esencia pura de tu Alma permanece intacta, plasmada en el lienzo infinito del Cosmos. Hijo(a) de toda la Creación, tus matices coloridos comprueban que realmente eres Vida, Amor, Sabiduría, Paz y mucho más. En toda la Existencia, desde el principio hasta el fin, el gran milagro ya aconteció; tú lo eres y siempre lo serás.

NATURALEZA INTRODUCTORIA

Desde el alba hasta el ocaso y del ocaso al alba, este libro se traduce en un sencillo, resumido y admirable acto inaugural de su siguiente versión (más completo, detallado y estructurado; el cual se encuentra en proceso de Creación).

OBJETIVOS

- Exponer algunas REPRESENTACIONES de las ACCIONES de LA MENTE (propósito informativo y explicativo).

- Difundir información oculta, relevante y poderosa del todo.

- Presentar un resumen de la siguiente entrega.

- Crear una gran comunidad de interacción; los propósitos y medios están dispuestos en la página CONTACTO.

ACLARACIONES

- La culminación (terminar completamente) del siguiente libro (segundo de esta temática) está sujeto a múltiples factores, en caso de concretarse, se comunicará por diferentes medios para su compra y adquisición.

- Las palabras subrayadas se encuentran en la sección GLOSARIO con su respectiva definición.

CONTENIDO

En su mayor parte compuesto por Representaciones (imágenes).

DESCRIPCIONES Y DEFINICIONES

- Cortas y genéricas para facilitar la comprensión inicial.

- Fueron consultadas y/o generadas con apoyo de internet (páginas web) y asistencia de Inteligencia Artificial (IA), luego editadas y adaptadas acorde a lo requerido; las referencias están dispuestas en el apartado BIBLIOGRAFÍA.

- Aplican dentro de la temática expuesta a continuación.

LA MENTE

El SISTEMA OPERATIVO de CONTROL VOLUNTARIO de la MENTE UNIVERSAL ("LA MENTE DE DIOS").

- **SISTEMA OPERATIVO**

Conjunto integrado de elementos que realizan múltiples funciones e interactúan entre sí (correlación) para lograr un objetivo en común.

- **CONTROL VOLUNTARIO**

Capacidad de administrar total y correctamente el SISTEMA OPERATIVO por accionar propio, libre y consciente.

- **MENTE UNIVERSAL, —A mi concepto: LA MENTE DE DIOS**

La propiedad que controla todos los infinitos procesos del Universo, desde los más simples hasta los más complejos e importantes, como la Eternidad y manifestación del Alma (la Vida), la continuidad del Tiempo, la expansión del Espacio, la alteración de la Realidad, la perfección de la Evolución, toda la Creación misma (planetas, estrellas, galaxias, etc.), entre muchos otros.

COMPONENTES

El proyecto / prototipo básico de LA MENTE también es una propuesta y se encuentra en estado de desarrollo y perfección (diciembre 2023), está constituido por dos componentes: TEORÍA Y PRÁCTICA.

- **TEORÍA (CÓDIGO PRIMARIO)**

Representaciones y su significado.

> **CÓDIGO**

Conjunto de figuras geométricas como cuadrados, rectángulos, triángulos, círculos, etc.; que determinan la transmisión e interpretación de información encriptada.

> **PRIMARIO**

Inicial, imprescindible y preliminar, como los números, los saludos o los colores en el proceso de aprendizaje de un idioma.

• **PRÁCTICA**

Aplicación en la Realidad de habilidades paranormales, sobrenaturales, sobrehumanas o comprendidos generalmente como súper poderes, como la telepatía, la invisibilidad o la cronoquinesis, entre muchos otros.

Después de más de cuatro años y 9 meses de difícil trabajo teórico y de campo. En esta obra presentamos una fracción (ACCIONES) del componente TEÓRICO (CÓDIGO PRIMARIO) de LA MENTE: Cincuenta (50) de sus REPRESENTACIONES.

DE ANTEMANO

Ofrezco una disculpa sincera por cualquier tipo de error que pueda haber en esta primera entrega.

ACCIONES

(PROPIEDAD DEL PODER)

SON LA EJECUCIÓN DE

- Actividades
- Algoritmos
- Instrucciones
- Procesos
- Entre otros

ORDEN DE DISPOSICIÓN

Alfabético ascendente (de la A, a la Z).

PRESENTACIÓN

Primeramente serán presentados los bocetos básicos (dibujados en papel), después, sus últimas ediciones (mejoradas), creadas con el programa Adobe Photoshop.

INTERPRETACIÓN

Vertical u horizontal dependiendo la especificación (Orientación de interpretación) seguida después de la definición.

REPRESENTACIONES

BOCETOS BASE

Creados a mano sobre papel, determinaron la idea representativa original.

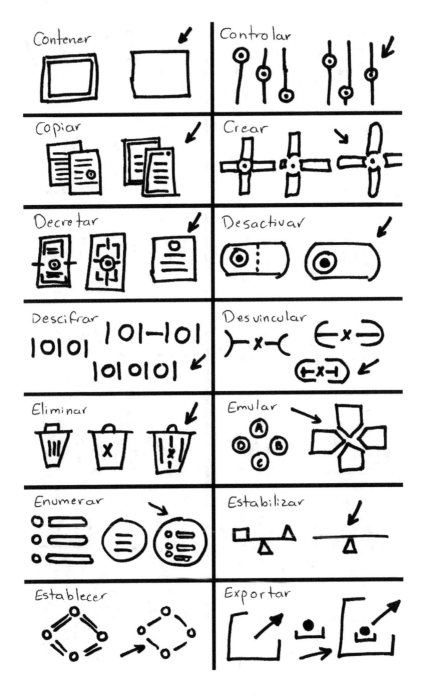

Contener

Controlar

Copiar

Crear

Decretar

Desactivar

Descifrar

|0|0| | 0| – |0|
          |0| 0| 0|

Desvincular

Eliminar

Emular

Enumerar

Estabilizar

Establecer

Exportar

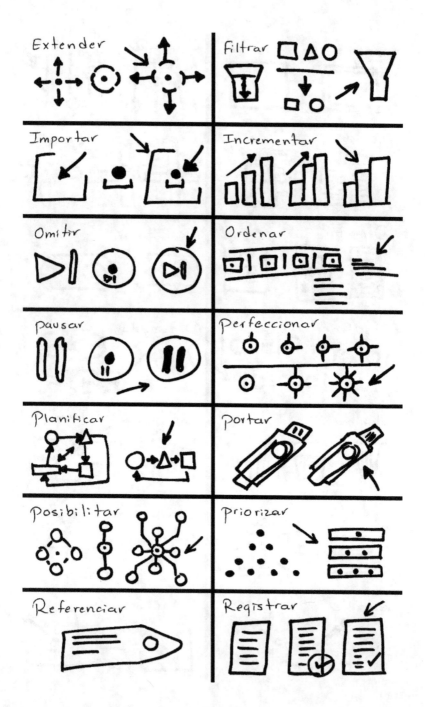

Extender

Filtrar

Importar

Incrementar

Omitir

Ordenar

Pausar

Perfeccionar

Planificar

Portar

Posibilitar

Priorizar

Referenciar

Registrar

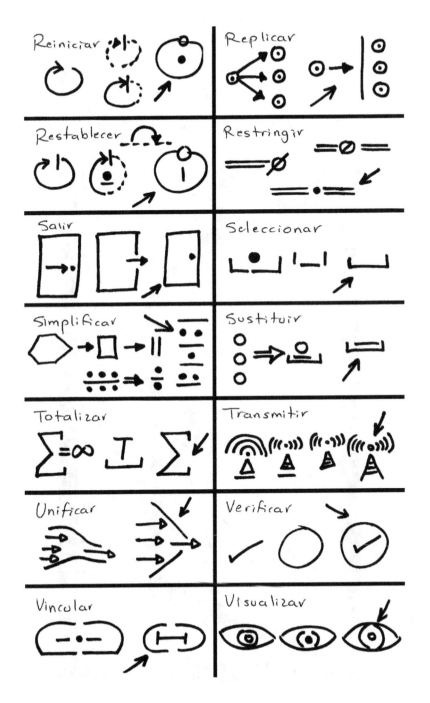

Reiniciar	Replicar
Restablecer	Restringir
Salir	Seleccionar
Simplificar	Sustituir
Totalizar	Transmitir
Unificar	Verificar
Vincular	Visualizar

ACCEDER

Ingresar o entrar después de una <u>autenticación</u> exi-
tosa

Orientación de interpretación: Vertical

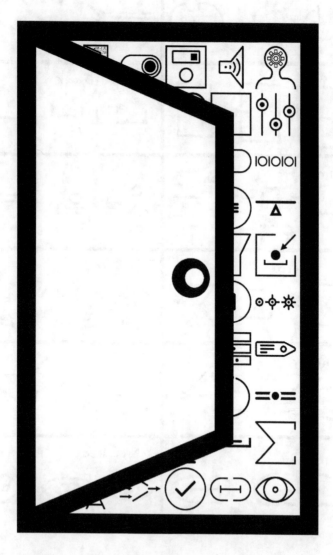

ACTIVAR

Habilitar, iniciar o encender

Orientación de interpretación: Horizontal

ALMACENAR

Guardar, conservar o mantener en el <u>Tiempo</u>

Orientación de interpretación: Vertical

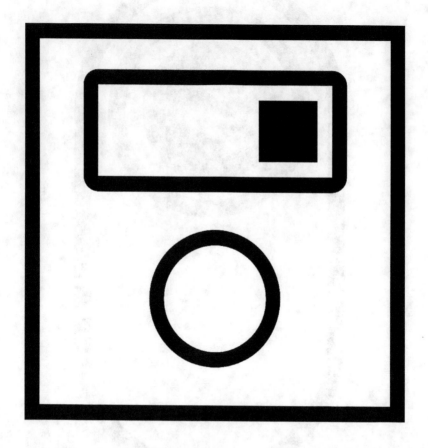

AMPLIFICAR

Aumentar la intensidad del sonido

Orientación de interpretación: Vertical

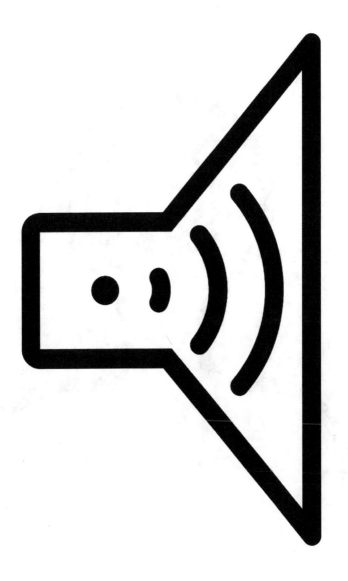

ANALIZAR

Examinar detalladamente

Orientación de interpretación: Vertical

AUTOMATIZAR

Ejecución pre programada que no requiere intervención directa

Orientación de interpretación: Vertical

CENTRAR

Dirigir la atención o el interés hacia un punto determinado

Orientación de interpretación: Vertical u Horizontal

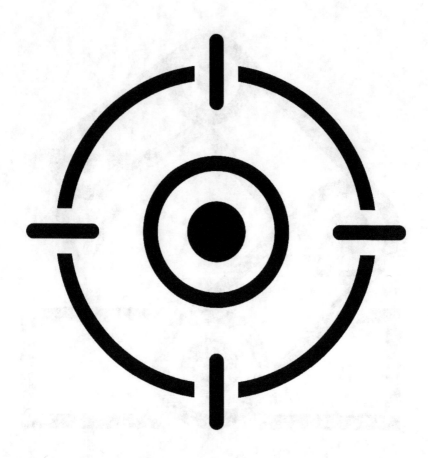

CONSULTAR

Buscar

Orientación de interpretación: Vertical

CONTENER

Agrupar y mantener dentro un <u>conjunto</u> o una ejecución

Orientación de interpretación: Vertical u Horizontal

CONTROLAR

Dirigir, dominar o regular de manera activa y consciente

Orientación de interpretación: Vertical

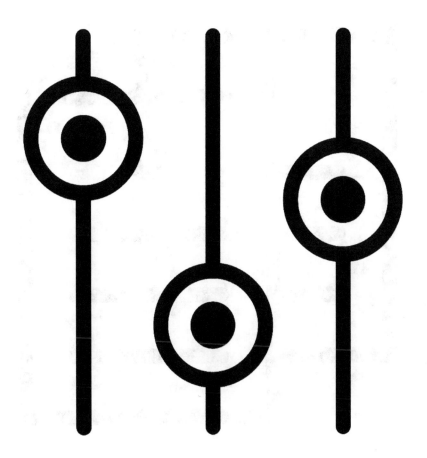

COPIAR

Duplicar o imitar con exactitud

Orientación de interpretación: Vertical

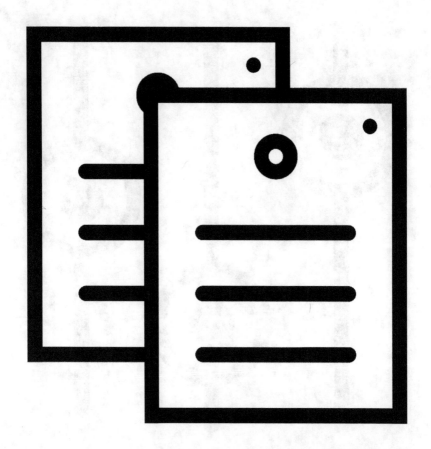

CREAR

Producir o generar nuevamente de la nada; desde
cero

Orientación de interpretación: Vertical u Horizontal

DECRETAR

Dictar un <u>parámetro</u> con conocimiento de causa y efecto

Orientación de interpretación: Vertical

DESACTIVAR

Deshabilitar, terminar o apagar

Orientación de interpretación: Horizontal

DESCIFRAR

<u>Traducir</u> una clave desconocida a un mensaje com-
prensible

Orientación de interpretación: Horizontal

DESVINCULAR

Anular o eliminar una conexión

Orientación de interpretación: Horizontal

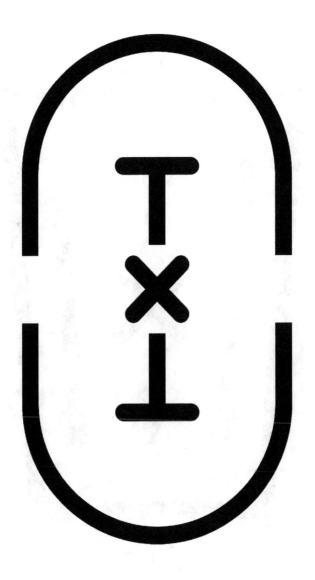

ELIMINAR

Suprimir la Existencia o el <u>funcionamiento</u>

Orientación de interpretación: Vertical

EMULAR

Realizar un <u>funcionamiento</u> <u>previamente</u> a su ejecución

Orientación de interpretación: Vertical u Horizontal

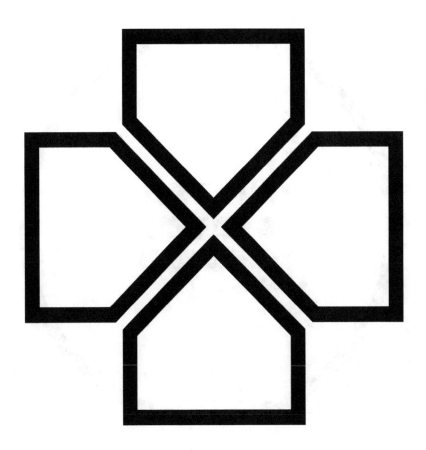

ENUMERAR

Listar <u>cuantitativa</u> o <u>cualitativamente</u> una <u>secuencia</u>

Orientación de interpretación: Vertical

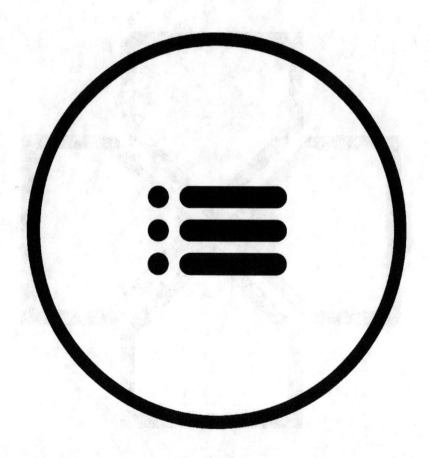

ESTABILIZAR

Normalizar un <u>funcionamiento</u>

Orientación de interpretación: Horizontal

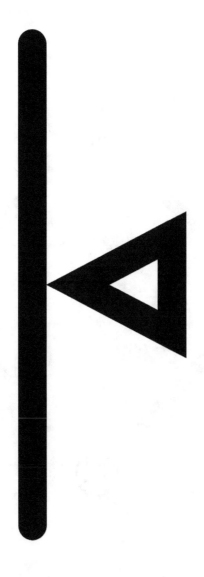

ESTABLECER

Mantener continuidad constante (sin intervalos) en el <u>Tiempo</u>

Orientación de interpretación: Vertical u Horizontal

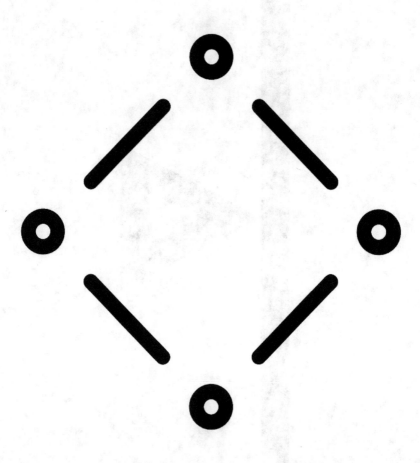

EXPORTAR

Enviar a un entorno de almacenamiento o ejecución distinto al actual

Orientación de interpretación: Vertical

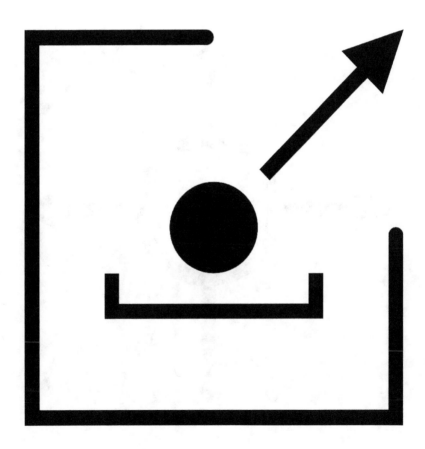

EXTENDER

Ampliar el <u>perímetro</u> o el <u>área</u> en el <u>Espacio</u>

Orientación de interpretación: Vertical u Horizontal

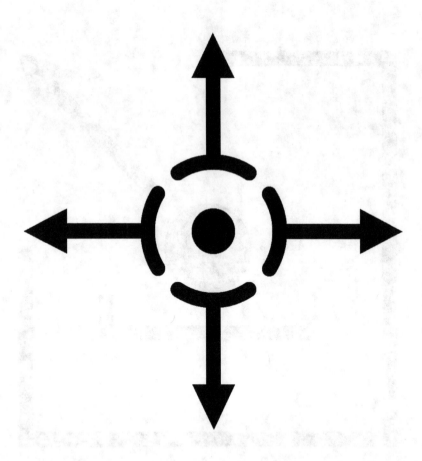

FILTRAR

Extraer <u>elementos</u> de un <u>conjunto</u> mayor dependiendo el <u>criterio</u> de selección

Orientación de interpretación: Vertical

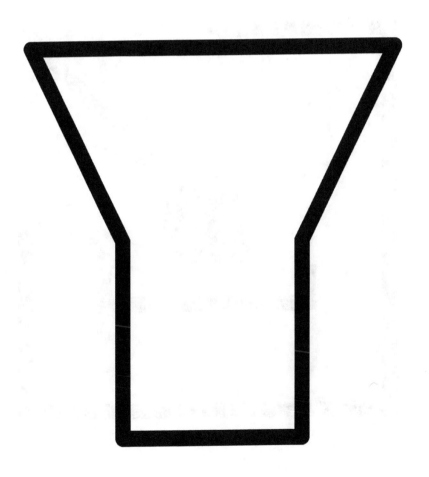

IMPORTAR

Obtener de un entorno de almacenamiento o ejecución distinto al actual

Orientación de interpretación: Vertical

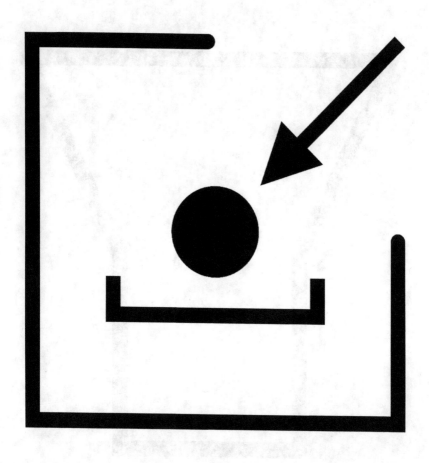

INCREMENTAR

Aumentar la cantidad numérica

Orientación de interpretación: Vertical

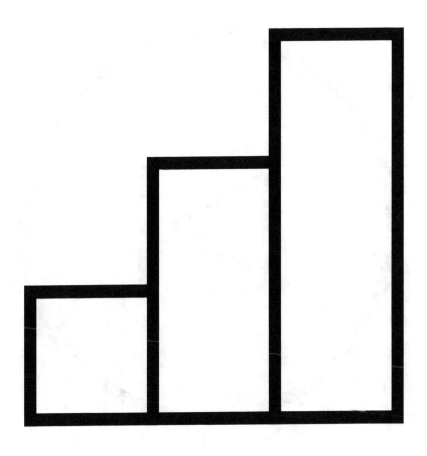

OMITIR

Excluir, no tomar en consideración

Orientación de interpretación: Vertical

ORDENAR

Disponer una cantidad cumpliendo un <u>criterio</u> establecido

Orientación de interpretación: Vertical

PAUSAR

Detener, retardar o suspender temporalmente una ejecución

Orientación de interpretación: Vertical

PERFECCIONAR

Mejorar constantemente, brindando cada vez el mayor grado de excelencia, precisión o calidad posible

Orientación de interpretación: Horizontal

PLANIFICAR

Crear y establecer los <u>parámetros</u> iniciales (los más importantes) de ejecución

Orientación de interpretación: Horizontal

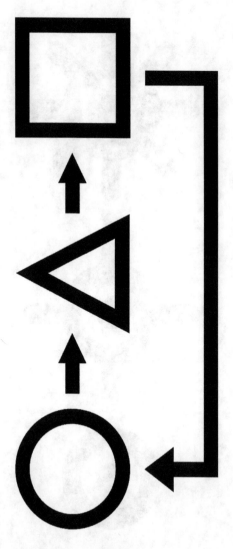

PORTAR

Transportar y ejecutar en y desde cualquier parte del
Espacio

Orientación de interpretación: Vertical

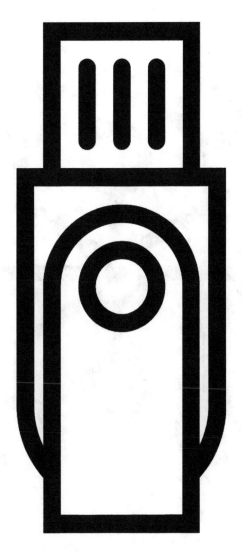

53

POSIBILITAR

De posibilidad; crear las condiciones apropiadas o necesarias para la realización de una ejecución

Orientación de interpretación: Vertical u Horizontal

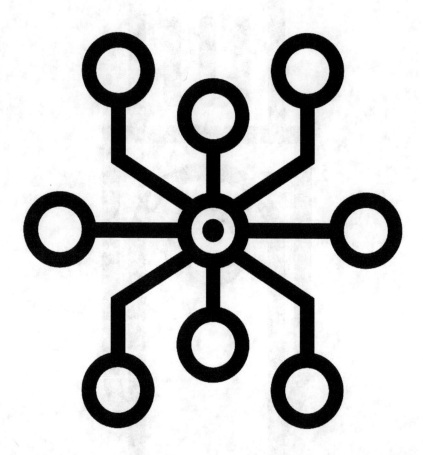

PRIORIZAR

Asignar un nivel de importancia superior o mayor

Orientación de interpretación: Horizontal

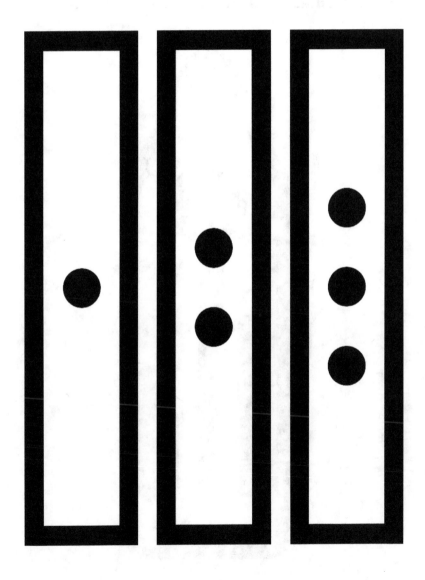

REFERENCIAR

Nombrar apropiadamente por categoría, <u>relevancia</u>, ordenamiento u otras características

Orientación de interpretación: Horizontal

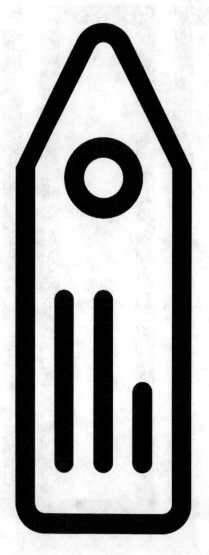

REGISTRAR

Escribir o constatar una referencia

Orientación de interpretación: Vertical

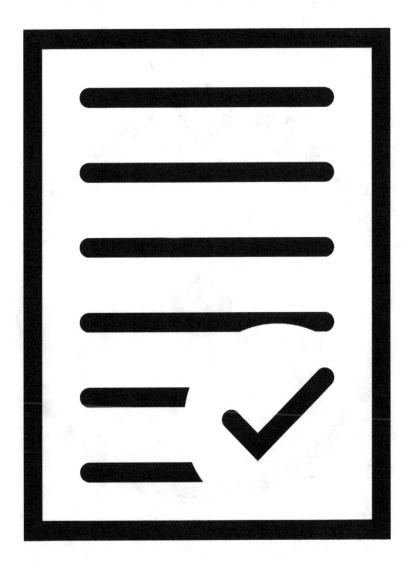

REINICIAR

Iniciar de nuevo una ejecución, con el fin de eliminar errores de operación

Orientación de interpretación: Vertical

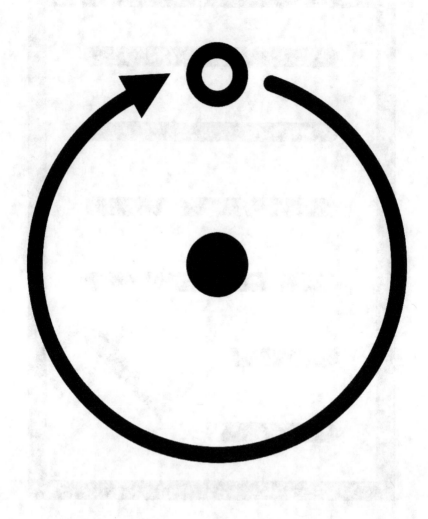

REPLICAR

Repetir de tres veces en adelante (3 — Infinito)

Orientación de interpretación: Vertical

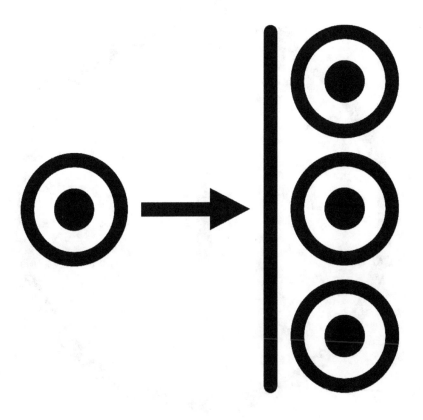

RESTABLECER

Volver a una correcta ejecución anterior

Orientación de interpretación: Vertical

RESTRINGIR

Limitar, impedir o prohibir el alcance o acceso

Orientación de interpretación: Horizontal

SALIR

Cerrar una sesión o ejecución en curso

Orientación de interpretación: Vertical

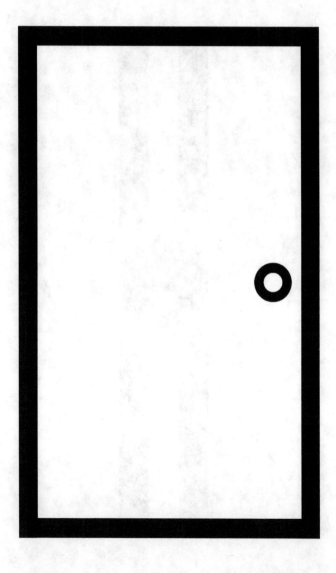

SELECCIONAR

Elegir en <u>función</u> de <u>criterios</u> determinados <u>previa-mente</u>

Orientación de interpretación: Horizontal

SIMPLIFICAR

Facilitar, hacer más sencillo, claro o comprensible

Orientación de interpretación: Vertical

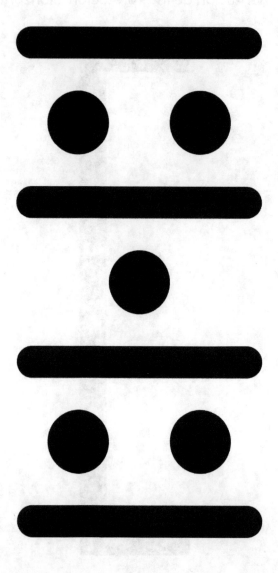

SUSTITUIR

Reemplazar o cambiar

Orientación de interpretación: Horizontal

TOTALIZAR

Obtener la suma total de un <u>conjunto</u>

Orientación de interpretación: Vertical

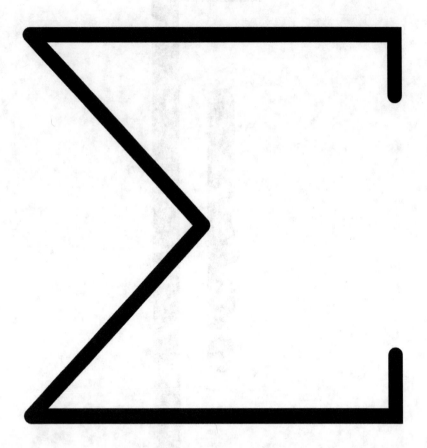

TRANSMITIR

Transferir, comunicar o difundir

Orientación de interpretación: Vertical

UNIFICAR

Combinar o fusionar

Orientación de interpretación: Horizontal

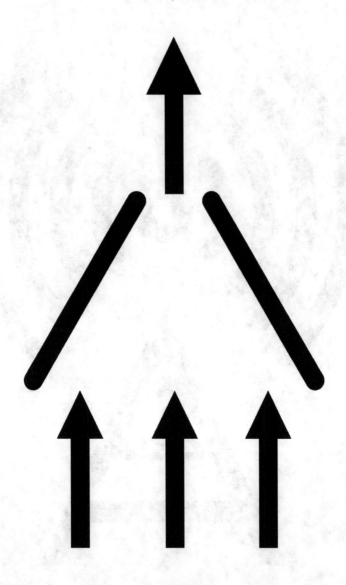

VERIFICAR

Comprobar o confirmar el resultado de una ejecución

Orientación de interpretación: Vertical

VINCULAR

Unir o relacionar una conexión

Orientación de interpretación: Horizontal

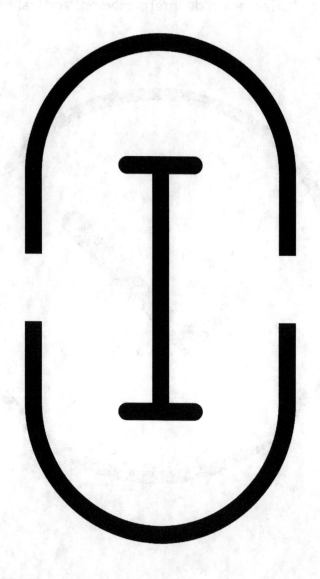

VISUALIZAR

Observar o hacer visible

Orientación de interpretación: Horizontal

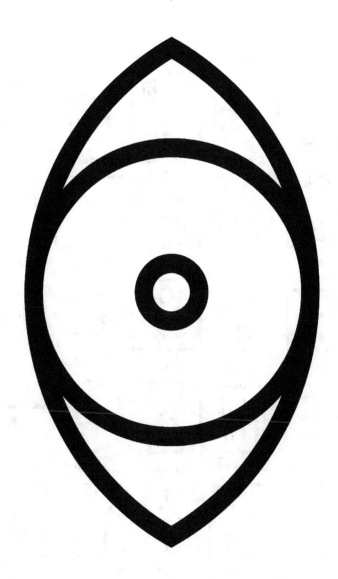

ESQUEMA 1

ACCEDER — IMPORTAR

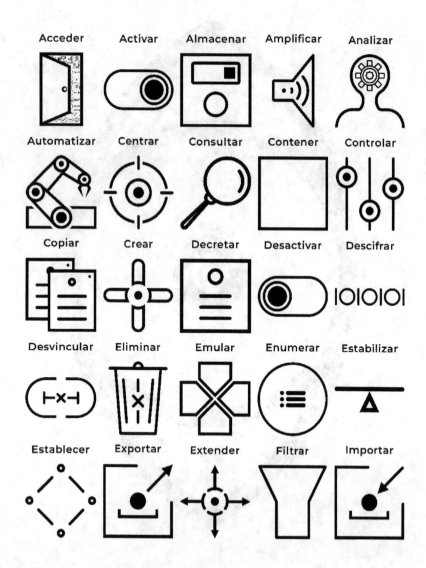

Acceder   Activar   Almacenar   Amplificar   Analizar

Automatizar   Centrar   Consultar   Contener   Controlar

Copiar   Crear   Decretar   Desactivar   Descifrar

Desvincular   Eliminar   Emular   Enumerar   Estabilizar

Establecer   Exportar   Extender   Filtrar   Importar

INCREMENTAR — VISUALIZAR

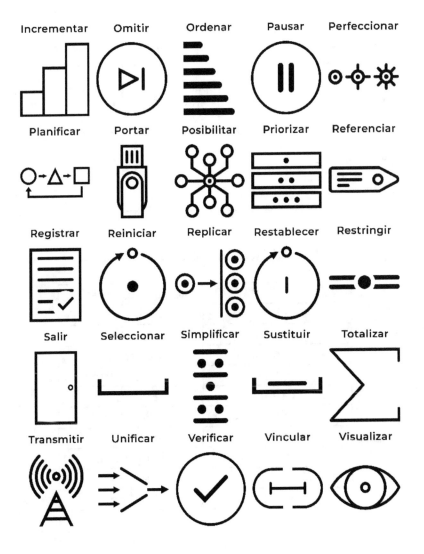

Incrementar	Omitir	Ordenar	Pausar	Perfeccionar
Planificar	Portar	Posibilitar	Priorizar	Referenciar
Registrar	Reiniciar	Replicar	Restablecer	Restringir
Salir	Seleccionar	Simplificar	Sustituir	Totalizar
Transmitir	Unificar	Verificar	Vincular	Visualizar

TABLAS

EJEMPLO

Tarea u <u>objetivo</u>: Crear un <u>algoritmo</u> básico sobre la <u>invocación</u> de una galaxia en el plano de la <u>Realidad</u>

1. Tratamiento sobre la <u>base de datos</u>	2. <u>Aplicación</u> sobre la <u>Realidad</u>	3. Acciones opcionales
• Acceder • Consultar • Filtrar • Ordenar • Seleccionar • Copiar • Emular • Verificar	• Importar • Extender • Establecer • Visualizar	• Replicar • Referenciar • Registrar • Exportar • Almacenar

10 ACCIONES INVERSAS ENTRE SÍ

ACCIÓN EJEMPLO	ACCIÓN INVERSA
Acceder	Salir
Activar	Desactivar
Automatizar	Controlar
Contener	Transmitir
Crear	Eliminar
Desvincular	Vincular
Exportar	Importar
Incrementar	Simplificar
Omitir	Seleccionar
Totalizar	Unificar

GLOSARIO

Lo componen todas las palabras subrayadas (*palabras ejemplo*).

La palabras separadas por un slash, barra diagonal o inclinada (/) son diferentes formas escritas del mismo concepto.

La palabra encontrada entre corchetes cuadrados [ ] y comparada con las otras de su clase (de haber varias), es el término con mejor adaptación o conversión genérica.

El doble slash (//), representa una definición alterna, opcional o complementaria.

Administrar: Planificar, organizar, direccionar y controlar los recursos disponibles con el fin de lograr objetivos eficiente y eficazmente.

Alba: Primera luz del día antes de salir el sol.

Algoritmos / [Algoritmo]: Serie de instrucciones o pasos lógicos y precisos que se ejecutan en un orden determinado para llevar a cabo una tarea específica. Difiere de algoritmo en su grado de complejidad de Creación y aplicación (menor).

Antemano: Con adelanto en el Tiempo respecto de un hecho o circunstancia.

Aplican / Aplicación – [Aplicar]: Utilizar o emplear en la Realidad con acciones.

Área: Extensión de una superficie en el Espacio.

Autenticación: <u>Proceso</u> de validación de datos o información.

Base de datos: Agrupación organizada de información.

Bocetos – [Boceto]: Dibujo o <u>esquema</u> rápido que se realiza como una <u>representación</u> <u>preliminar</u> o inicial de una idea, diseño o proyecto final.

Capacidad: <u>Habilidad</u>, competencia o aptitud que una persona, entidad o cosa posee para realizar una determinada Acción.

Complejos / Complejidad – [Complejo]: Difícil en comprensión o realización.

Concepto: Construcción mental de una idea o expresión.

Conjunto: Colección bien definida de objetos o <u>elementos</u>.

Contextos / Contextual – [Contexto]: Entorno o <u>conjunto</u> de circunstancias que rodea a un evento, situación o idea, y que proporciona información <u>relevante</u> para comprender su significado general.

Cosmos: <u>Universo</u> en su totalidad, incluyendo todo el <u>Espacio</u>, <u>Tiempo</u>, materia y energía que lo componen.

[Criterio] / Criterios: Estándar, regla o pauta que se utiliza para tomar decisiones, realizar juicios o evaluar algo.

Cronoquinesis: <u>Habilidad</u> o Poder para controlar el <u>Tiempo</u>; atrasarlo, adelantarlo, pausarlo o anularlo.

Cualitativamente – [Cualitativo]: Información detallada, descriptiva y contextual sobre un tema, por ejemplo la raza de una persona, la textura de una tela o el color de una estrella.

Cuantitativa – [Cuantitativo]: Medición o expresión de algo en términos numéricos, por ejemplo, la edad de un animal.

[Ejemplar] / Ejemplares: Sinónimo de libro.

Elementos – [Elemento]: Objeto individual dentro de un conjunto.

Encriptada – [Encriptado]: Convertir datos legibles en un formato ilegible, para proteger la confidencialidad y la integridad de la información.

Esencia: Naturaleza de las cosas.

Espacio: La propiedad infinita del Universo, —brinda "contención y libertad al mismo Tiempo".

Esquemas / [Esquema]: Representación y agrupación gráfica o simbólica de cosas materiales o inmateriales.

Eternidad: Concepto o hecho sin principio ni final, como Alma (la Vida).

Evolución: La propiedad mutable del Universo.

Fracción: Expresión que representa una parte de un todo, por ejemplo, un planeta es una fracción del todo Universo.

Funciones / Funcionamiento / [Función]: Modo en que algo opera, trabaja o se desarrolla.

Genéricas / Genérica / [Genérico]: De aplicación común, general o universal.

Geométricas – [Geometría]: Rama de las matemáticas que se ocupa del estudio de las propiedades y las relaciones de figuras en el Espacio.

GPT: (Generative, Pre–trained, Transformer), uno de los desarrollos (modelo de lenguaje) más destacados en el campo del procesamiento del lenguaje natural y la inteligencia artificial.

Habilidades / [Habilidad]: Capacidad para realizar una tarea, Acción o actividad de manera efectiva.

Imprescindible: Que es, o se considera tan necesario que no se puede dejar de tener en consideración.

Inaugural – [Inauguración]: Acto formal de apertura o comienzo de algo.

Infinitas / [Infinito] / Infinitos / Infinitiva / Infinitamente: Concepto o hecho con principio pero sin final.

Inteligencia Artificial (IA): Campo de la informática que se enfoca en el desarrollo de sistemas y tecnologías capaces de realizar tareas que normalmente requieren inteligencia humana.

Invisibilidad: Habilidad o Poder que altera la percepción o Existencia (nula) del color de la materia. No visible por el ojo humano.

Invocación – [Invocar]: Traer de otros planos al plano de la Realidad material

Lienzo: Tejido de lino, de algodón o de cáñamo que, por lo general, sirve como soporte a las obras pictóricas.

Matices – [Matiz]: Variación leve de tono o grado de luminosidad.

Objetivos / Objetivo: Logro final a concluir.

Ocaso: Puesta de un astro por el horizonte, especialmente la del sol.

[Parámetro] / Parámetros: Dato o factor que se toma como necesario para analizar o valorar una situación.

Perímetro: Es la longitud de la frontera de una figura plana cerrada. Siendo esta frontera el camino que abarca, rodea o contornea una forma bidimensional.

Preliminar: Que antecede o se antepone.

Previamente: Antes de.

Procesos – [Proceso]: Serie de acciones coordinadas que tienen lugar para lograr un objetivo específico, difiere de algoritmo en su grado de complejidad de Creación y aplicación (mayor).

Propiedad: Agrupación de fracciones pertenecientes a un todo. // Fracción imprescindible.

Prototipo: Primer modelo que sirve como referencia antes de la replicación masiva del resultado final.

Realidad: La propiedad alterable del Universo, vinculado a la verdad (lo que es y existe).

[Relevante] / Relevancia: Importante.

Representaciones – [Representación]: Imagen o idea que sustituye o relaciona aspectos de la Realidad. En este caso, conjunto de figuras geométricas que se asocian a una Acción determinada de la Mente.

Secuencia: Continuidad, sucesión ordenada.

Súper poderes – [Súper Poder]: Fenómeno, experiencia, habilidad, Acción o evento que está más allá o excede la capacidad, el entendimiento, lo ordinario, genérico o el efecto de lo que se considera normal o que desafía las explicaciones científicas convencionales.

Telepatía: Transmisión de información con la Mente o mentalmente sin utilizar ningún canal sensorial humano conocido, ni interacción física.

Tiempo: La propiedad imparable y la más justa del Universo, la cual brinda continuidad a la Existencia.

Traduce / [Traducir]: Convertir o transformar un texto ya sea compuesto por palabras, símbolos, signos o representaciones a otro.

Universo: Conjunto de todas las entidades físicamente detectables que interactúan entre ellas dentro del Espacio – Tiempo de acuerdo a leyes físicas bien definidas.

BIBLIOGRAFÍA

Todas las descripciones de este libro se realizaron con ayuda, asistencia y referencia de:

PÁGINAS WEB

- **DESCRIPCIONES Y DEFINICIONES**

  - ➢ ConceptoDefinición
  - ➢ Real Academia Española (RAE)
  - ➢ Superprof
  - ➢ Wikipedia
  - ➢ Oxford Languages
  - ➢ ComputerHoy
  - ➢ Biblioguías Cepal
  - ➢ Internet

- **LISTA DE VERBOS (ACCIONES)**

  - ➢ Vocabulix
  - ➢ ¡Es fácil!
  - ➢ IdiomaX

- **LISTA DE SINÓNIMOS Y ANTÓNIMOS (ACCIONES)**

  - ➢ WordReference
  - ➢ Diccionario de Sinónimos Online

INTELIGENCIA ARTIFICIAL (APLICACIONES WEB)

- Chat GPT – 4
- Nova
- Sider

CONTACTO

PROPÓSITOS

Crear una gran **comunidad** de interacción

- **Correo electrónico y cuenta empresarial:** para recibir donativos y/o patrocinios (participación voluntaria) y continuar perfeccionando este gran proyecto / prototipo con apoyo financiero, técnico, tecnológico, humano o de cualquier otra naturaleza que se desee brindar.

- **Grupo:** Para publicar y difundir Información complementaria sobre este libro, la Creación y referencia de la página web, otros y futuros ejemplares, entre otros aspectos.

CORREO ELECTRÓNICO

librocodigoprimario@gmail.com

CÓDIGOS QR WHATSAPP

GRUPO

Comunidad Libro
Código Primario

CUENTA EMPRESARIAL

+57 321 419 4068
Libro Código Primario